MÉMOIRE

DU

COMITÉ ÉLU PAR L'ASSEMBLÉE GÉNÉRALE

DES

HABITANTS DE NOSSI-BÉ

A S. Exc. l'Amiral Ministre de la Marine

et des Colonies

PARIS. — IMPRIMERIE A.-E. ROCHETTE, BOULEVARD MONTPARNASSE, 72-80.

MÉMOIRE

DU

COMITÉ ÉLU PAR L'ASSEMBLÉE GÉNÉRALE

DES

HABITANTS DE NOSSI-BÉ

A S. Exc. l'Amiral Ministre de la Marine et des Colonies

MEMBRES DU COMITÉ : A. MEZENCE, *Président*,
MAX. MENON, *Rapporteur*,
KALIFAN BEN-ALI — E. DE JOUVANCOURT — F. MULLER

PARIS
IMPRIMERIE A.-E. ROCHETTE
72-80, BOULEVARD MONTPARNASSE, 72-80

1868

Monsieur le Ministre,

Le colonel Colomb, commandant supérieur de Mayotte et Nossi-bé, a pris, sous la date du 26 septembre 1867, un arrêté qui a causé la plus vive émotion parmi les populations d'origines diverses qui habitent Nossi-bé.

Elus interprètes des sentiments de tous, les Commissaires soussignés viennent soumettre à Votre Excellence des observations qui la décideront, ils l'espèrent, à refuser à cet arrêté l'approbation ministérielle dont il a besoin, pour être mis définitivement en vigueur.

Par cet acte, le Commandant supérieur révise la législation locale sur l'impôt foncier, et crée deux nouveaux impôts : celui de capitation et celui des patentes.

Si la légalité de cette mesure est contestable, en ce qui touche l'impôt foncier, il n'en est pas de même pour les deux nouvelles créations ; les Décrets des 29 mars 1865 et 30 janvier 1867 la justifient malheureusement. Mais cette grave mesure est-elle équitable ? Est-elle opportune surtout ?

Nous ne le pensons pas, et nous espérons faire partager notre opinion à Votre Excellence.

§ 1er. — De l'Impôt foncier

Jusqu'à présent cet impôt a été soumis au régime établi par l'article 7 du Décret du 5 mars 1856, ainsi conçu :

« Les concessionnaires, soit nouveaux, soit anciens, étant de-
» puis plus de trois ans en possession de leurs terres, paieront un
» impôt de un franc par hectare concédé. »

Les soussignés pensent que cet article est immuable et ne peut recevoir de modifications légales, même par Décret impérial, sans le consentement de ceux qui sont devenus propriétaires avant la promulgation du Décret du 29 mars 1865, qui abroge l'article sus-visé.

Les concessions de terre à titre onéreux (et il n'y en a point ici à d'autres titres) sont de véritables ventes. Elles réunissent, en effet, toutes les conditions de la vente puisqu'il y a objet déterminé, vendeur, acheteur, prix fixé et payé d'avance, et enfin stipulation au profit du vendeur d'une rente perpétuelle, sous le nom d'impôt, de un franc par hectare.

L'acte de concession est donc un contrat synallagmatique parfait, dont les stipulations sont les termes mêmes du Décret sous l'empire duquel il a été fait, contrat qui lie également les deux parties et qui ne peut être modifié que par leur mutuel concours.

C'est donc à tort que, par l'article 3 de son arrêté, le Commandant supérieur substitue à l'impôt de un franc par hectare, un impôt variable annuellement, suivant les besoins du budget local. En tant qu'elle s'applique aux personnes qui ont acquis avant l'abrogation de l'article 7, copié plus haut, du Décret du 5 mars 1856, cette mesure est, aux yeux des soussignés, une manifeste violation de la loi du contrat et est, comme telle entachée d'illégalité.

Les habitants protestent contre ce changement. Avec l'impôt, consenti par eux, de un franc par hectare, ils connaissent leurs charges annuelles et ils agissent en conséquence. L'impôt variable, au contraire, les jette dans l'inconnu. Or, dans les *conditions* où *s'établit actuellement le budget local, et avec l'usage malentendu que l'on fait des deniers publics, ainsi que nous le prouverons plus tard, cet inconnu les épouvante !*

On peut, nous le reconnaissons, nous objecter, en faveur de la légalité de l'arrêté que nous repoussons, l'article 4 du Décret du 29 mars 1865, ainsi conçu :

« Les terres vendues en vertu du présent Décret et les con- » cessions faites par application de l'Ordonnance du 21 octobre 1845 » et du Décret du 5 mars 1856, supporteront une taxe dont le tarif » et le mode de perception seront déterminés par arrêté du Com- » mandant supérieur, pris après délibération du Conseil d'admi- » nistration. »

Nous répondons que la partie de cet article qui s'applique aux concessions faites en vertu de l'Ordonnance de 1845 et du Décret de 1856, ne peut être que le résultat d'une méprise, d'une erreur de rédaction, et que ce qu'un Décret a fait à tort, par erreur, un autre Décret peut le défaire.

Votre prédécesseur, en effet, pas plus que l'Empereur, n'ont point voulu porter atteinte aux droits acquis et anéantir, de leur pleine autorité, la clause essentielle d'un contrat intervenu entre l'État et des citoyens, sous la foi d'un Décret impérial, déterminant les conditions de ce contrat, le Décret du 5 mars 1856.

Il n'y a ici ni jurisconsulte ni ouvrage de jurisprudence; livrés à nous-mêmes, nous ne pouvons traiter que bien imparfaitement cette question de *légalité;* mais le Gouvernement métropolitain n'est pas moins interessé que les habitants de Nossi-bé à sa prompte et saine solution, et ils attendent avec confiance votre décision.

Du reste, il ne faudrait pas croire, Monsieur le Ministre, que l'impôt de un franc par hectare n'est pas une lourde charge; vous allez en juger. Aucun des habitants n'a, et n'aura de longtemps encore, plus du quart de sa propriété en exploitation; c'est donc par le fait comme s'il payait 4 francs par hectare sur la terre utilisée. Or, en prenant pour base d'estimation le chiffre déterminé par M. le Commandant supérieur dans son arrêté, de 40 francs l'hectare, on voit que l'emprunt foncier, sous le régime du Décret de 1856, est en réalité de 10 pour 100 de la valeur du sol cultivé !

Et on trouve que ce n'est pas assez! Mais alors que veut-on de plus? Le droit de prélever 20, 30, 50 et même 100 pour 100, si l'on a la fantaisie de créer des dépenses qui nécessitent ce sacrifice!

Unanimement convaincus par une expérience chèrement et péniblement acquise, les colons affirment, Monsieur le Ministre, qu'autant vaudrait décréter l'abolition de la propriété, ou l'expropriation sans indemnité, en un mot, la ruine de toute espérance de colonisation du pays, car à partir du jour où une telle législation serait connue dans les ports commerciaux de la Métropole, les propriétés auraient perdu toute valeur et les colons tout crédit. Quel est, en effet, le négociant ayant réputation de sagesse et voulant la conserver, qui se décidera à faire des avances à des gens placés à deux mille lieues de lui, et dont les produits annuels sont menacés d'être saisis et vendus (vendus dans un pays où il n'y a pas d'acheteurs !) pour payer des taxes qu'un pouvoir sans frein, sans contrôle et souvent peu éclairé, peut rendre illimitées !

D'ailleurs ces estimations de la valeur vénale du sol sont absolument arbitraires et ne reposent sur aucune base sérieuse. La valeur vénale de la terre n'existe en réalité que dans les pays d'Europe où se succèdent, en se multipliant, des populations sédentaires. Que l'on prenne en France, dans un département quelconque, deux hectares de terre, l'un en bon état de culture et l'autre en jachères depuis nombre d'années ; si le sol de l'un est de même nature que celui de l'autre leur valeur vénale différera peu, parce qu'il y a des capitaux et des bras pour les rendre également productifs.

Vous savez mieux que personne, Monsieur le Ministre, qu'il n'en est pas de même aux Colonies et plus particulièrement dans la nôtre ; ici la terre abonde, mais les capitaux découragés y sont d'une rareté excessive, et les bras (nous parlons des bras travaillants) y manquent aussi. A proprement parler, grâce à notre voisinage de la grande terre de Madagascar, notre population indigène, que cependant nous tenons à conserver, est beaucoup plus nomade que sédentaire, et n'a montré jusqu'à ce jour qu'un goût très-modéré pour la propriété. Ce qui le prouve, c'est que le Gouvernement offre d'excellentes terres à 10 francs l'hectare et qu'il ne trouve pas à les vendre.

La terre cultivée ou celle avoisinant une usine qui a besoin de s'étendre a seule une valeur ; mais ce n'est pas là ce qu'on appelle une valeur vénale, c'est une valeur *industrielle*, ce qui est bien différent. Prendre cette valeur pour base du prix uniforme des terres de même qualité, *même de celles incultes,* est donc une profonde erreur. Entre deux lots de terre d'égale qualité, séparés par un ruisseau de deux mètres de large, celui sur lequel s'exerce une industrie peut avoir une valeur très-élevée, tandis que celui sur lequel l'industrie n'est pas encore établie n'en a absolument aucune.

La valeur vénale du sol est encore, aujourd'hui, à peine appréciable dans nos vieilles colonies de la Guadeloupe, la Martinique et la Réunion, françaises depuis plus de 300 ans, *et où le régime financier dont on veut nous doter n'a jamais été établi.*

Que dire alors de la prétendue valeur vénale du sol dans la petite colonie insalubre de Nossi-bé, qui, relativement, date d'hier et qui a le malheur d'être beaucoup moins connue par ses produits exportés que par ses revers !

Voilà pour la légalité et l'équité ; reste l'opportunité.

Pour la justifier on fait publier et on vous écrit depuis assez longtemps déjà que Nossi-bé *prospère.* En réponse à cette téméraire assertion, les soussignés se bornent à dire :

La seule production du pays, à part quelques ballotins de café, est le sucre ; il existe dans la colonie onze établissements de sucrerie fonctionnant en moyenne depuis cinq ans, ce sont, par ordre alphabétique :

Anpombilava
Androdroat
Ankarankel
Ankiabé
Antourtour
Ansatrakoulou
Calempo
Djabal
Fasséna
Passandava
Saouland

Nous passons sous silence Zamandzar et Vourouriki, dont les propriétaires sont morts avant d'avoir pu édifier leurs usines qui, depuis quatre ans, s'oxident abandonnées en plein vent, ainsi que la Cascade, délaissée depuis longtemps.

La dépense d'installation de ces onze usines est au moins de trois millions et demi de francs. La moyenne de la dépense annuelle d'exploitation représente, pour chacune d'elles, la valeur de 90 à 100 tonneaux de sucre.

Lors donc que l'ensemble de la production annuelle est inférieure à mille ou onze cents tonneaux, ces établissements n'ont pas couvert leurs frais. Eh bien, Monsieur le Ministre, la récolte de l'année dernière n'a pas atteint mille tonneaux, et celle de cette année arrivera à peine à ce chiffre!

Voilà la vérité!!

Il y aura *progrès* lorsque, avec les moyens actuellement existants, la production dépassera deux mille tonneaux. Il y aura *prospérité* lorsqu'elle atteindra à quatre mille. Pour le moment, le progrès est à l'état d'embryon; et c'est parce que nous conservons l'espoir de le voir se développer, que nous repoussons avec énergie les mesures d'étouffement que l'on vous demande de sanctionner.

Un dernier mot sur ce point.

De ce qui précède, il résulte clairement que la situation est précaire; néanmoins, chacun de ces établissements, comportant une étendue moyenne de 400 hectares, paie, sous le régime financier qu'on veut détruire pour l'aggraver, un impôt annuel de 1,000 fr., savoir : 400 francs pour la terre et 600 francs pour droits de fabrication du rhum, droits récemment établis pour faire face aux désastreuses conceptions du Commandant supérieur.

Nous espérons donc que, comme nous, vous serez d'avis que les innovations proposées sont absolument inopportunes.

§ II. — De l'Impôt personnel

Si cet impôt ne frappait que les planteurs, les employés et même les artisans de toute profession, les soussignés ne vous en parleraient pas, chacun le paierait sans mot dire. Mais, généralisée comme elle l'est, appliquée au pauvre comme au riche, au centenaire comme à l'enfant à la mamelle, cette mesure, dans les conditions sociales où nous nous trouvons, atteindrait à la hauteur d'un *Décret de bannissement* contre les dix-neuf vingtièmes de la population, et aurait (encore plus que l'*inconnu* de l'impôt foncier) pour conséquence inévitable, la ruine du pays; nous n'aurons pas de peine à le démontrer.

Quelques détails sont nécessaires.

Il faut rappeler que la moitié environ du périmètre de Nossi-bé est enveloppée par l'arc que décrit, sur Madagascar, la grande baie de Passandava ; que le détroit qui sépare les deux terres n'a pas trois milles de large en beaucoup d'endroits ; que la mer, toujours belle, est journellement sillonnée de nombreuses pirogues naviguant entre Nossi-bé et Madagascar ; que, lors de la prise de possession de Nossi-bé par les Français (1840) la population indigène était d'environ 25,000 habitants au lieu de 12,000 que donne le recensement de cette année ; que les 13,000 manquant, dédoublement des familles nossi-béennes, ont émigré depuis quelques années seulement et sont établis sur la côte malgache qui nous fait face, où ils vivent en parfaite sécurité et en bonne intelligence avec les Hovas qui leur laissent *toujours récolter le riz qu'ils ont semé.*

Ces données suffisent pour montrer à Votre Excellence quel attrait peut avoir Madagascar pour notre population indigène, et quelles facilités de tous les instants permettent à cette population de s'y rendre. Cet attrait n'est pas le seul ! Il en existe un bien plus puissant encore, qu'il est d'autant plus utile de vous faire connaître qu'on ne semble pas s'en douter à Mayotte, dans le cabinet où se règlent nos destinées.

C'est que depuis la constitution de la grande propriété à Nossibé, toutes les terres propres à la culture du riz de *marais* sont occupées par les établissements de sucrerie, et qu'il ne reste aux indigènes que la culture des terres non susceptibles d'être artificiellement inondées. Mais cette culture exige des soins pour la préparation du sol, pour les semailles, pour le sarclage, peut-être bien 30 à 40 jours de travail d'un seul homme pour obtenir une récolte suffisante à une famille de douze personnes pendant un an.

Mais, gâté par le souvenir encore palpitant du *raive-raive* (culture du riz de marais), le Malgache recule devant ce faible effort. C'est que loin d'être un travail, le *raive-raive* est une occasion de plaisir, de réjouissances impatiemment attendues, bruyamment saluées. Voici brièvement en quoi cela consiste :

Quarante à cinquante familles d'un même village se réunissent, barrent en quelques heures une rivière, la détournent et la jettent dans une plaine couverte de grandes herbes ; lorsque la plaine est complétement submergée, quatre à cinq cents bœufs, serrés les uns contre les autres, sont lancés dessus pour la piétiner.

C'est le signal de la joie. Pendant que les bœufs piétinent, les assistants écoutent les légendes que racontent les vieillards ; puis on boit, on danse, on se livre avec frénésie au *tam-tam*, danse et musique barbares pour lesquelles ces peuples primitifs sont passionnés. Cela dure trois à quatre jours, et quand enfin arrive la fatigue du plaisir, le sol est préparé par le pied des bœufs ; en quelques heures il est semé ; l'opération est finie ; les familles se retirent, le riz pousse tout seul, et cinq mois plus tard ces mêmes familles reviennent briser le barrage de la rivière pour assécher le marais, et elles font une abondante récolte.

Nous avons observé ce peuple et nous ne savons encore s'il a une religion. Ce qu'il y a de certain, c'est qu'il ne pratique aucun culte, le culte du raive-raive excepté. C'est en avoir assez dit sur ce point.

A Nossi-bé le raive-raive est désormais impossible (et très-heureusement, car c'est un nid à fièvre), le Malgache qui veut y cultiver le riz est donc soumis, on vient de le voir, à un peu plus de travail et à la privation des fêtes bachiques et légendaires du raive-raive. Il n'a accepté ni l'un ni l'autre de ces légers sacrifices, et c'est là bien certainement une des principales causes de la grande émigration dont nous venons de parler, et la cause à peu près unique qui fait des *demi-nomades* des douze mille recensés de cette année, lesquels douze mille se seraient réduits à deux ou trois mille, si le recensement eut été fait au temps du raive-raive.

Ainsi, Monsieur le Ministre, nos indigènes sont attirés à Madagascar par des liens de famille et surtout par l'amour du raive-raive, où pour cela la terre propice abonde, même pour beaucoup de millions d'hommes. Nos indigènes sont en réalité sans racine à Nossi-bé. En fait de propriété foncière, à de très-rares exceptions près, ils n'y possèdent rien et n'ont *pas encore* le désir d'y devenir propriétaires. Y possèdent-ils autre chose? Oui! et il est bon que Votre Excellence sache quoi.

Voici le bilan, à peu près invariable, d'une famille indigène :

Une petite hache.	2 fr.	»
Une sagaye.	2	»
Quelques hameçons.	1	»
Une marmite en terre.	»	50
Une calebasse pour mettre l'eau (produit de la nature).	»	»
Une natte pour se coucher..	»	50
Au total.	6 fr.	00

Le tout renfermé dans une case en paille ayant coûté trois jours de travail au mari et à la femme, valeur, zéro.

Voilà, Monsieur le Ministre, la position sociale et le degré de civilisation des hommes (lisez des individus, puisque tous les âges et tous les sexes sont atteints), que l'on veut soumettre à l'impôt personnel de trois francs par tête.

Doux et résignés, ces gens s'inclinent devant le pouvoir, et, ne pouvant payer, ils acceptent sans murmure et peut être sans regret l'ostracisme qui les frappe, et ils nous font leurs adieux ; quelques-uns sont déjà partis; d'autres, et c'est le plus grand nombre, sachant que les *blancs* écrivent en leur faveur au *Grand-Chef*, ont ajourné leur départ et attendent votre décision.

Si vous écartez nos avis, si vous approuvez l'arrêté du Commandant supérieur, vous aurez sanctionné le bannissement de la population indigène. Il nous reste à vous dire comment ce fait serait désastreux pour le pays.

1° Nossi-bé est complétement déboisé; c'est de Madagascar que nous tirons nos bois de construction et de chauffage pour nos usines. Ces bois nous sont fournis par les indigènes, qui, sans cesse, vont et viennent d'un pays à l'autre.

2° Depuis que les indigènes vont *faire raive-raive* à Madagascar,

Nossi-bé ne produit plus de riz; ce sont encore les indigènes qui nous l'apportent du lieu de production, et il nous en faut des quantités considérables pour nourrir nos engagés.

3° La répugnance très-marquée qu'a l'indigène pour le travail, lorsqu'il s'agit de la culture du riz, ne l'empêche point de s'occuper à d'autres travaux et d'être sur nos établissements un auxiliaire utile et quelquefois indispensable.

La privation de ces auxiliaires nous serait d'autant plus funeste que nous avons des engagements qui arrivent à leur terme et que, par votre dépêche du   , vous rendez le recrutement de nouveaux engagés presque impossible.

Puis, l'indigène se civilise peu à peu (et sous ce rapport il y a progrès), un nombre déjà important se vêtit de blouses, boit du vin, du rhum, consomme enfin; pour cela il faut de l'argent, et le travail seul peut le procurer. Ces idées d'augmentation de bien-être et de nécessité de travail se propagent, il faut les laisser se développer et alors, dans dix ans peut-être, l'inopportune mesure d'aujourd'hui pourra être appliquée dans celles de ses parties qui ne blessent ni la justice ni l'équité.

Mais supposons qu'au lieu de s'exiler les indigènes restent et bravent par la *force d'inertie* l'arrêté du Commandant supérieur, que fera-t-on contre eux? On ne met pas garnisaires chez des gens qui ne possèdent rien de saisissable! On ne dépense pas cinquante francs de frais pour saisir-arrêter une journée de travail de *vingt-cinq centimes nets!* Nous considérerions comme un grand malheur la réalisation de l'hypothèse posée plus haut, car lorsque les lois sont bravées et méprisées, le pouvoir qui les a faites et qui est impuissant a les faire exécuter subit bien vite le sort de ses lois. Or les colons ont le plus grand intérêt à ce que le prestige de l'autorité soit respecté de tous, car sa force fait la leur.

4° Vous savez qu'aux termes des Règlements nous ne sommes

tènus qu'à l'engagement d'une femme par cinq hommes ; c'est en vain que nous voudrions augmenter cette proportion, les Arabes gardent les femmes pour leurs harems. Il en résulte que nos Africains manqueraient de femmes, comme cela a lieu dans d'autres colonies, si les femmes malgaches ne consentaient à vivre avec eux. Or, ces femmes sont les filles, les sœurs, les nièces des indigènes travaillant sur nos habitations. De ces relations il naît des enfants ; des familles se forment dans nos camps ; les planteurs ont peu de mérite à leur venir en aide, car la présence de la femme et de l'enfant est le lien le plus solide qui attache l'engagé à son travail. Eh bien, Monsieur le Ministre, ces femmes, emmenant avec elles leurs enfants, suivront leur père, mère, frère ou sœur en exil, et ce jour-là la ruine sera consommée, car aucune puissance humaine ne pourra empêcher nos engagés de déserter pour aller rejoindre leurs femmes et leurs enfants qu'ils affectionnent tendrement.

Et qui nous dit que dans ces moments d'effervescence et d'entraînement, exaltés par *l'injustice* et ayant perdu toute confiance dans un pouvoir qui, à leurs yeux, *fausse* l'unique mais solennelle promesse qu'il leur a faite, qui nous dit que ceux-là même qui n'ont pas de femmes ne suivront pas leurs camarades dans la nouvelle terre promise !

Nous venons de dire un mot grave, nous tenons à le justifier. Le projet d'arrêté contient un article 8 ainsi conçu :

« Tout engagiste qui emploiera avec un *engagement régulier de travail salarié* des individus soumis à l'impôt personnel, sera tenu d'acquiter la cote DUE PAR *ses engagés*, sauf à prendre, vis à vis de *ceux-ci*, les moyens propres à assurer le remboursement de ses **avances.** »

A part, peut-être, cinquante personnes qui ont des engagés pour domestiques dans l'intérieur des maisons, on peut dire que les engagistes sont les planteurs. Il est encore plus rigoureuseme

exact de dire que les engagés sont *exclusivement* des Africains et que *pas un seul indigène* ne travaille autrement qu'à la journée et *jamais par engagement.*

Or, il est bon de rappeler comment se recrutent et s'engagent les Africains. Nous ne parlons que de ce qui se fait ici; mais l'on y procède en suivant à la lettre les règlements faits pour la Réunion: Un planteur a besoin d'engager des travailleurs: il en informe le Gouvernement local, qui nomme un délégué pour se rendre à la Grande-Comore, sur un navire affrêté à cet effet par un planteur. Là, le capitaine du navire, agissant pour le planteur, traite avec les Arabes pour la cession des noirs qu'ils tiennent esclaves. Ces hommes sont envoyés à bord; le délégué du Gouvernement fait hisser le pavillon national à la corne et, le montrant à ces infortunés, il leur dit que c'est le symbole de la liberté, que s'ils veulent venir à Nossi-bé ils ne seront plus esclaves; mais que, pour rembourser la somme payée pour les racheter de l'esclavage, ils seront tenus de s'engager pour un temps déterminé; que, d'ailleurs, pendant ce temps, ils seront bien nourris, soignés dans leurs maladies, auront deux vêtements de rechange par an (ils n'en avaient jamais eu un en toute leur vie), et recevront, en outre, 7 fr. 50 par mois. Et, comme ils ne savent pas ce que c'est que 7 fr. 50, on les leur fait voir et toucher. Et le délégué ajoute que le *Chef des chefs*, qu'il représente, sera leur protecteur et veillera à ce que les conditions qu'il leur fait connaître s'accomplissent.

Ebahis d'un si rapide et si grand changement de fortune ces malheureux n'y peuvent croire; mais le délégué réitère ses promesses. Aucun homme n'est forcé de s'engager, quelques-uns refusent et sont renvoyés à terre comme *rebutés* afin que leur refus ne puisse leur attirer quelque mauvais traitement de leur maître; mais presque tous acceptent et viennent.

Une fois débarqués à Nossi-bé le syndic des engagés, autre agent du Gouvernement *et leur tuteur légal*, s'empare d'eux, les fait conduire chez le planteur et là, ceignant son écharpe, il leur renouvelle toutes les promesses faites au lieu de l'embarquement ; il prend leurs noms sur son registre d'immatriculation, délivre au planteur les livrets d'engagements et le contrat ainsi régularisé; le syndic en les remettant au planteur, a encore soin de les avertir que s'ils ont à se plaindre, il doivent aller le trouver, parce qu'il est chargé de leur faire rendre justice. C'est-à-dire que, dans l'opération du recrutement comme dans celle de l'engagement, le Gouvernement a tout à la fois l'œil et la main. En réalité c'est lui qui fait tout; il se constitue le protecteur de l'engagé, il est envers lui, garant de l'exécution des clauses du contrat d'engagement telles qu'elles ont été établies par l'organe de son délégué, clauses qui ont déterminé son immigration chez nous.

Depuis plus de dix ans que cela dure, le Gouvernement local (nous parlons de celui particulier de Nossi-bé, exclusivement) n'a eu à intervenir que dans des affaires sans gravité, occasionnées par des retards de paiements de gages provenant de retards dans l'arrivée de navires attendus et de l'absence d'un service postal régulier; toutes ces affaires ont été réglées de la façon la plus satisfaisante, et toujours sans que l'intérêt de l'engagé fut lésé d'un centime. Le Gouvernement a usé de sa puissance morale sur les engagés pour leur faire comprendre qu'un délai nécessaire ne leur faisait rien perdre, il les a ainsi maintenus au travail, et il se montrait en même temps pressant envers l'engagiste pour hâter le paiement. En cela le Gouvernement agissait dans un intérêt tout à fait colonial, nous profitons de l'occasion pour l'en féliciter.

Et c'est sur une modique taxe de trois francs, frappant les plus déshérités de l'espèce humaine, puisque ces hommes sortent de l'esclavage et qu'ils n'ont pas encore fini le temps de l'engagement qui les en a tirés, que le Commandant supérieur actuel joue, avec la certitude de la perdre, la seule force réelle dont le Gouvernement dispose ici, sa force morale, le prestige du Pouvoir !

Que diront, en effet, ces hommes, lorsqu'on leur fera la retenue de l'*avance* faite pour eux au Trésor, en exécution de l'article 8 précité ?

Ils diront qu'on ne leur paie pas ce qui leur est dû ! Qu'on viole à leur égard la loi du contrat, la *promesse solennellement faite au nom du Gouvernement;* qu'on n'a pas plus le droit de retenir une portion de leurs gages, qu'une *portion* de *leurs vivres;* qu'on les a trompés et qu'ils n'ont plus confiance ! !

Comment leur objecter que c'est un *impôt nécessaire*, dont on ne leur a pas parlé, parce que, au moment de leur engagement, il n'était pas encore *conçu !* Leur nature primitive ne se prête point à d'aussi subtiles distinctions, et si leur intelligence les percevait ce serait pour les avertir que si la *conception* qui leur enlève 3 francs a eu le *droit* de naître, elle peut être suivie de beaucoup d'autres sœurs, non moins exigeantes qu'elle, et qu'alors, si on peut leur prendre 3 francs aujourd'hui, pour doter la première venue, rien ne les garantit qu'on ne leur prendra pas vingt fois plus dans un mois pour doter les cadettes ! !

Nous ne voulons pas pousser plus loin la démonstration. Votre Excellence voit maintenant quel effroyable désordre occasionnerait l'arrêté ; cela nous suffit.

Un dernier mot en faveur de ces hommes. Est-il équitable, Monsieur le Ministre, de frapper d'un impôt de capitation de trois francs un pauvre diable qui gagne *quatre-vingt-dix francs par an,* lorsque ni la maladie ni le besoin de repos ne lui ont fait perdre un seul jour dans l'année, et vous le savez, cela n'est pas la règle !

Les engagés africains sont habitués au travail ; leur engagement fini, et cela va arriver pour un assez grand nombre chaque année, ils deviendront propriétaires dans le pays. En eux réside le germe le plus vivace de la colonisation, vous ne le laisserez pas détruire par la mise en pratique des causes de désordre et de désertion auxquelles l'arrêté du Commandant supérieur donne lieu.

Nous apprenons que les habitants de Mayotte vous adressent un mémoire diamétralement opposé à celui-ci, en ce qui touche l'impôt de capitation. Les affaires des Mayottais ne sont pas les nôtres, et nous ne vous en disons quelques mots en passant, que pour vous signaler que, s'il y a des contradictions entre eux et nous sur le principe d'application du projet d'arrêté, il y a complète uniformité de vues sur le résultat de cette application.

Notre population indigène, douce et bienveillante, sans fanatisme ni préjugés d'aucune sorte, a toutes nos sympathies, nous croyons qu'elle les mérite à tous égards et nous désirons la conserver. La population indigène de Mayotte, exclusivement Mahométane, est fanatique, mécontente, inassimilable par les mœurs et les habitudes, car le Coran est sa loi et le Coran le lui défend, elle arborerait volontiers le drapeau de la révolte si elle l'osait. Cette population est pour les habitants de Mayotte un hôte incommode, et c'est pourquoi ils approuvent l'impôt de capitation comme un moyen sinon de la faire disparaître, au moins de l'éclaircir.

Loin d'être un argument contre notre manière de juger l'effet de l'impôt de capitation, le mémoire des colons de Mayotte est au contraire un motif de plus de décider que nos prévisions sont fondées.

Votre Excellence ne fera donc pas acte de contradiction en rejetant l'impôt personnel pour Nossi-bé et l'admettant pour Mayotte.

Ce n'est pas une des moindres erreurs du Commandant supérieur de vouloir régir les deux colonies par une législation absolument uniforme. Les peuples indigènes des deux pays, que 60 lieues de mer séparent, n'ont aucun point de contact dans les mœurs, les habitudes et le caractère. Ici, beaucoup plus encore que dans les pays d'Europe, l'autonomie doit être respectée.

§ III. — De l'Impôt des patentes

Nous étions animés du désir de laisser passer cet impôt, pour ne pas paraître à vos yeux d'impitoyables critiques ; mais un examen approfondi de la question ne nous le permet pas, nous le repoussons comme les autres.

Par ses relations avec la côte orientale d'Afrique, notamment Mozambique et Zanzibar, et avec Bombay, l'île de Nossi-bé est un lieu de *transit* presque nécessaire pour le commerce entre ces pays et Madagascar ; et Hell-ville est destinée à devenir une place de commerce de quelque importance dans un avenir assez rapproché. Mais son commerce, déjà étouffé plusieurs fois, ne fait qu'y reprendre vie (depuis deux ans à peine), n'est-ce pas le patenter trop tôt, et peut-être l'arrêter court dans sa marche ! !

L'arrêté établit deux classes de patentes.

La première classe se paie 300 francs et la seconde 50 francs.

Une seule patente de première classe sera prise pour 1868 : ce n'est évidemment pas pour le recouvrement d'une aussi faible somme que l'arrêté a été conçu. Non ! c'est en vue d'atteindre, avec la patente de seconde classe, quatre à cinq cents Bagnans, Malgaches, Arabes, Africains, Indous et Parsis établis dans le pays. Cela, en effet, en valait la peine, 500 patentés à 50 francs donnent 25,000 francs. Mais c'était là un pur mirage, les Bagnans refusent de prendre patente et cessent leur trafic. C'est s'y prendre trop tôt; il fallait laisser à ces gens le temps de s'enraciner dans le pays!!

Un précédent, qu'il est important de vous faire connaître, aurait, cependant, dû avertir le Commandant supérieur du danger qu'il y a de frapper des impôts sur des industries naissantes : c'est le résultat produit par le fameux arrêté sur les rhums. Chaque sucrerie ayant alors un alambic (10 à Mayotte environ et 10 à Nossi-bé, 20 en tout), le Commandant supérieur s'est dit : si je frappe chaque alambic d'un droit annuel de 600 francs, je crée 12,000 francs de recette; comme il était convaincu qu'il raisonnait juste, il a fait une législation guildivière. Pour mieux assurer l'exécution de cette législation, il vous a demandé des commissaires de quartier, pour les passages desquels le Trésor a déjà payé 18,000 francs. Or, voici ce qui se passe. A Mayotte, tous les alambics *moins un* ont fermé; à Nossi-bé deux probablement fonctionneront pendant l'année 1868. De cette ressource imaginaire il nous restera une aggravation des charges du Trésor (car les commissaires, eux, sont très-réels), et le souvenir de l'industrie guildivière tuée du coup.

Nous nous sommes entourés de tous les renseignements propres à nous mettre à même de déterminer, au moins par à peu près, le nombre des patentes de deuxième classe qui vont être demandées pour 1868. Il ne s'élève pas à *douze*. Produit six cents francs!

Vous aurez à décider, Monsieur le Ministre, si pour de pareils résultats il y a lieu d'approuver un acte qui bouleverse l'existence de nombreuses et intéressantes familles.

Si les commerçants de terre ferme paient des patentes, les commerçants de la rade, capitaines ou patrons, doivent y être également assujettis, c'est de toute justice, aussi l'arrêté n'a pas oublié ces derniers. Cette disposition est une de celles qui nous font repousser en bloc et sans distinction l'impôt des patentes au lieu de vous proposer de l'amender, comme à première vue nous en avions l'intention.

A l'exception d'un ou deux Américains nous visitant chaque année, le commerce de la rade n'est pas fait par les grands navires; il est surtout exploité par les boutres. Or, les boutres qui trafiquent avec la côte malgache apparaissent peut-être vingt fois par an sur la rade, c'est donc vingt patentes ou mille francs que le patron payerait annuellement : c'est souvent plus qu'il ne gagne !

Le boutre qui n'y vient qu'une fois l'année serait encore plus maltraité, puisque, pour une vente qui pourrait ne pas s'élever à plus de 501 francs, il paierait un droit de 50 francs, c'est-à-dire de *dix pour cent* du montant de la vente. Alors il ne vendra pas, peut-on répondre ! Soit, mais s'il ne vend pas, personne n'achètera; il n'y aura pas eu commerce, il y aura eu refoulement, et les boutres cesseront de venir.

Toutes ces mesures, vous le voyez, Monsieur le Ministre, produisent des effets contraires à ceux qu'on se flattait d'en obtenir. La liberté commerciale la plus large peut seule, dans un avenir peu éloigné, produire des ressources budgétaires.

Les soussignés espèrent que vous la maintiendrez dans son intégrité.

§ IV. — Considérations diverses & Conclusion

Si nos critiques n'avaient pour but qu'une stérile récrimination sur le passé, croyez-le bien, Monsieur le Ministre, nous les garderions pour nous et n'en fatiguerions pas votre attention. Elles ont un tout autre caractère; elles ont pour but de préserver l'avenir des erreurs du passé. Voilà l'unique mobile qui nous guide, et en cela nous croyons servir notre pays et mériter votre approbation. Nous nous bornerons, du reste, à les signaler sans aigreur, admettant volontiers que si elles sont le résultat d'une volonté unique, non suffisamment rompue à la pratique des affaires, elles proviennent surtout de l'insuffisance des institutions coloniales qui nous sont particulières.

Jusqu'à présent le Commandant supérieur a exercé le pouvoir à lui seul, sans le concours *sérieux* de personne. Quel a été le résultat de cette *omnipotence?*

En prenant ses fonctions il a trouvé dans le Trésor une réserve de deux cent mille francs économisés par ses prédécesseurs. Depuis lors, non-seulement aucune économie n'a été faite malgré la création de nouveaux impôts (droits sur les rhums), mais la réserve a été dépensée. A quoi donc? Les travaux publics se bornent à vingt kilomètres de routes non pavées ni macadamisées et consistant simplement dans le creusement de deux fossés parallèles séparés par une bande de terre de huit mètres de large : quelques légers ponts que les pluies viennent de balayer à la mer ; un petit barrage de marais qui ne barre rien du tout ; et enfin une église en construction depuis dix ans, tombant assez régulièrement dans l'hivernage, parce qu'on *manque de ressources pour la couvrir*, et qui tombera probablement pour la quatrième fois dans l'hivernage où nous sommes, parce qu'elle reste encore *découverte*.

Voilà, à peu près, le bilan de nos travaux publics depuis trois ans.

Les prédécesseurs du colonel Colomb, hommes prudents avec la fièvre, ne sortaient jamais, ne voyaient rien et ne faisaient rien : ils remplissaient le Trésor public ! Le colonel, lui, brave volontiers la fièvre, circule, voit, ne fait pas plus que ses prédécesseurs et cependant met le Trésor à sec.

Nous arrivons aux dépenses *malentendues*.

En première ligne figure la goëlette l'*Indienne*, cause principale du trouble actuel. L'*Indienne*, navire à voiles de 100 et quelques tonneaux, a coûté 130,000 fr. d'acquisition, le prix d'un navire à voiles de 300 tonneaux. Des cinq soussignés, trois ont été ou sont encore armateurs de navires à voiles et même de bâtiments à vapeur, le quatrième est un ancien capitaine au long cours, le cinquième (M. Muller) est un ancien officier de la Marine Impériale, ayant servi sous vos ordres au camp de la marine, devant Sébastopol. Vous ne nous refuserez donc pas, Monsieur le Ministre, une certaine aptitude pour apprécier le mérite et la valeur d'un navire. Eh bien, nous n'hésitons pas à vous dire que la goëlette qui n'a été l'objet d'aucune dépense de luxe, qui n'a ni literie, ni service de table, ni aucun cordage de rechange, qui, en un mot, est à peine armée, n'aurait pas dû coûter plus de *quarante mille francs !* Les soussignés sont convaincus qu'en la mettant en vente à la Réunion, à Maurice, ou même à Bordeaux, où elle vient d'être construite, on n'en obtiendrait pas 25,000 francs.

Mais ce n'est pas seulement une perte sèche de 100,000 fr. qu'elle fait subir au Trésor colonial : Il faut maintenant l'entretenir à la mer, et ce n'est pas une petite affaire. Pour cela, on porte cette année 26,000 fr. de plus au budget des dépenses ; c'est-à-dire que le budget, qui était les années précédentes d'environ 200,000 fr., est augmenté d'*un dixième* pour les besoins de la goëlette, et nous croyons cette augmentation insuffisante.

Et quels services cette goëlette nous rend-elle? Dans sa brochure, qu'il vous a adressée de Paris en septembre dernier, et à laquelle nous nous associons, M. Menon, bien qu'il ne l'eût pas encore vue, démontre qu'elle ne pourra faire qu'un voyage par deux mois entre Mayotte, Nossi-bé et les Seychelles, ce qui est absolument insuffisant. Cette prévision, qu'il n'était pas du reste difficile d'avoir, est réalisée : la goëlette subit le sort commun aux navires à voiles dans ces parages, *le calme*, et, pour débuter, elle a mis 21 jours pour aller de Mayotte aux Seychelles, au lieu de 4 jours que mettrait un navire à vapeur. C'est payer bien cher un bien mince service.

Mais en outre des charges trop lourdes qu'elle impose annuellement à notre petit budget, elle est pour l'équilibre de nos finances un épouvantail permanent. En effet, si elle fait des avaries, où prendra-t-on les fonds pour en payer les réparations? Il faudra, ou abandonner la goëlette et tout perdre, ou élever dans une proportion indéterminée l'impôt foncier, le seul qui ne puisse, par l'exil, se soustraire aux éventualités qui nous menacent.

Nous espérons donc, Monsieur le Ministre, que vous n'hésiterez pas à ordonner les mesures nécessaires pour dégager notre budget des *causes* de perturbation auxquelles vous le voyez exposé.

Les bouées. Presque autant que celle de la goëlette l'idée des bouées est désastreuse. Cette énorme dépense n'était ni nécessaire ni utile, c'est la seule peut-être qu'on pût indéfiniment ajourner, c'était la dernière à faire.

Comme bouées de *balisage* elles sont inutiles ; à Nossi-bé, aussi bien qu'à Mayotte, les points de repère naturels abondent, et par le plus petit clair de lune les navires entrent et vont au mouillage la nuit.

Comme bouées *d'amarrage*, elles sont plus inutiles encore ; jamais sur ces rades un navire n'a chassé sur ses ancres, jamais dans ces baies tranquilles un sinistre n'a eu lieu.

On comprendrait, à la rigueur l'emploi de quelques bouées, comme décoration de luxe d'une rade lorsqu'on n'a pas d'autres moyens de dépenser son argent. Mais, outre que ce n'est nullement le cas, ce n'est pas de quelques bouées qu'il s'agit. On en voulait 36, dit-on. Or, pour être plus sûr d'en avoir 36, on en a fait venir 72. Oui ! Monsieur le Ministre, 72 bouées, ce qui, à 1,000 fr. l'une, fait 72,000 francs !

Leur inutilité est tellement manifeste qu'on n'en a laissé que 4 à Nossi-bé, les 68 autres sont à Mayotte SUR le plateau de Zaoudzi, où elles font *l'admiration* et *l'étonnement* du voyageur qui passe !

Voilà, Monsieur le Ministre, les fruits de l'*omnipotence !* Nous pourrions vous en montrer d'autres, ceux-là suffisent.

On nous dit qu'il y a eu erreur ; soit, nous n'avons jamais voulu prouver plus, et nous enregistrons l'aveu.

On nous dit encore que le Conseil d'administration a été consulté ! Mais nous n'en avons jamais douté ; nous sommes même persuadés qu'il a donné un avis approbateur, et qu'au besoin il le donnerait encore ; tel qu'il est organisé, le Conseil d'administration est, et *ne peut être* qu'un instrument d'approbation.

Si les funestes erreurs du colonel Colomb peuvent avoir pour effet de changer l'organisation de ce Conseil, et d'y faire introduire un nombre de citoyens au moins égal à celui des agents du Gouvernement, nous ne croirons pas, malgré le prix élevé qu'elles coûtent, les avoir payées trop cher.

Ne pensez-vous pas, Monsieur le Ministre, que si, au lieu de n'avoir dans son Conseil que des agents du Gouvernement, *dépendant* de lui, des jeunes gens du Commissariat encore sans expérience suffisante pour découvrir et signaler le vice d'une proposition soumise au Conseil, le colonel Colomb eut été assisté de quatre habitants, les choses ne se fussent passées autrement?

De ce qu'on est un excellent colonel d'infanterie de marine, on ne possède pas nécessairement pour cela les connaissances étendues et variées du marin, ni même les aptitudes de l'armateur. Averti à temps par des hommes plus expérimentés que lui en ces matières spéciales, le colonel Colomb eut retiré ses projets de *bouées* et de *goëlette*. Un vote favorable n'eut même rien compromis, car les habitants, membres du Conseil, auraient signalé le danger à votre Département; le refus de l'approbation ministérielle aurait mis ces projets à néant et le Colonel, qui n'aurait pas à combler les vides faits par ces dépenses *malentendues*, n'aurait pas non plus à recourir aux stériles combinaisons que nous combattons.

Autant le Conseil d'administration a été impuissant dans le passé à empêcher le mal, autant, s'il est réorganisé dans le sens que nous indiquons, il peut rendre de bons services dans l'avenir. Les habitants ont dans ce pays la fortune de leurs familles; ne sont-ils donc pas plus intéressés à sa prospérité que les officiers du Gouvernement, et même les Commandants, qui n'y possèdent rien et n'y font qu'un court séjour. Soyez donc convaincu, Monsieur le Ministre, que le concours des colons est assuré par avance à toute mesure utile et juste, dût cette mesure exiger de gros sacrifices.

Persuadés que cette déclaration vous touchera, et que, jetant un regard sur le passé, vous ne trouverez dans la législation que nous vous demandons de modifier, que des mécomptes à mettre à sa charge, vous accéderez à notre demande et vous ferez décréter *qu'à l'avenir les Conseils d'administration seront composés de huit membres : quatre fonctionnaires, dont le Commandant avec voix prépondérante, en cas de partage, et quatre habitants élus par les trente plus imposés.*

Il nous reste, Monsieur le Ministre, à vous faire une demande que nous devions vous adresser, quand même l'événement qui donne lieu à ce mémoire ne se serait pas produit. Nous voulons parler de la séparation administrative de Mayotte et de Nossi-bé.

Le Commandant particulier de Nossi-bé, ne pouvant rien par lui-même, puisque ses actes sont soumis à la sanction du Commandant supérieur qui réside à Mayotte, il en résulte que c'est de Mayotte, de 60 lieues de distance, que, de fait, nous sommes gouvernés. Or, permettez-nous de le répéter, il est impossible de trouver deux pays où les indigènes soient plus dissemblables par la religion, les mœurs, les habitudes, le caractère et le langage ! Notre administration locale agit en s'inspirant du milieu où elle vit. L'administration de Mayotte, subissant la même influence chez elle, est animée d'inspirations toutes contraires ; de là des tiraillements et souvent des décisions comme celle de l'impôt de capitation, celle des patentes, décisions que le Colonel s'empresserait de rapporter s'il était au milieu de nous ; car, au moment où nous écrivons cette dernière page, nous apprenons que, malgré nos efforts et ceux de notre administration locale pour les retenir, les indigènes atteints par la cote personnelle continuent à émigrer, et les patentables arabes, indous et parsis partent en masse pour Mouroutsang, petite ville située sur la côte ouest de Madagascar, à 12 lieues au sud de Nossi-bé. Nous pourrions, pour établir la nécessité et même l'urgence de la séparation que nous demandons, entrer dans de nombreux détails ; mais indépendamment de ce que ce mémoire est déjà trop long, il nous semble que les événements malheureux que nous venons de rappeler et qui s'accomplissent en ce moment, sont une démonstration suffisante.

Cette mesure n'apporterait, du reste, aucune modification

grave, soit dans notre budget, soit dans nos rouages administratifs, puisque nous possédons ici une administration complète, seulement subordonnée à celle de Mayotte. A nos yeux, cette réforme si utile pour nous, ne coûterait que la peine de faire un Décret.

Il y a encore des forces vives à Nossi-bé; si vous rompez avec le stérile passé, qui après tout n'est pas le vôtre; si vous régénérez le Conseil d'administration et le renforcez du concours des colons; si, enfin, faisant pour cette petite colonie, jusqu'ici si maltraitée, ce que la Métropole fait pour toutes les autres, si vous la dotez d'un service mensuel régulier au moyen d'un navire à vapeur (en la reliant aux Seychelles), Nossi-bé peut, dans un temps peu éloigné, devenir une colonie prospère et importante : son salut est dans vos mains, nous espérons !

Les soussignés ont l'honneur d'être,

Monsieur le Ministre,

Vos très-humbles et obéissants serviteurs,

Les Membres du Comité :

Mézence, *Président.* **Menon**, *Rapporteur.*

Kalifan-Ben-Ali.

E. de Jouvancourt.

F. Muller.

www.ingramcontent.com/pod-product-compliance
Ingram Content Group UK Ltd.
Pitfield, Milton Keynes, MK11 3LW, UK
UKHW020441220726
13923UKWH00005B/2261